뉴질랜드

New Zealand

강인숙 시집

도서출판 월인

시인의 말

강보에 싸인 아기처럼 여리고 미숙한 첫 시집을 세상에 내 놓습니다.

돌이켜보면 강물처럼 흐르며 문학의 서정을 키워준 자산은 한국의 전통적인 가족과 자연풍경 속에서 자란 유년이었고, 나를 곧게 길러주신 부모님과 든든한 내 마음의 고향인 한국의 가족들께 감사합니다.

문학의 강으로 징검다리 놓아주신 워싱턴 문예창작원 이규태 원장님, 열정으로 강의해주신 문예창작원 강사님들께 고개 숙여 감사 드립니다

매 월례 모임마다 창작의 꿈으로 함께 즐거운 워싱턴 문인회 문우들께 감사합니다.

특히 제가 눈물 많은 시인께 영향을 많이 받은 덕인지 저도 대책 없이 눈물이 많아졌는데, 따뜻한 격려와 날카로운 가르침으로 여기까지 이끌어주신 최연홍 교수님께 깊은 감사를 드립니다.

끝으로 늘 곁에서 묵묵히 지켜 봐주고 응원해 주는 남편과 내 삶을 채워준 아들 종운이, 딸 수진이에게 고마운 마음 전합니다.

앞으로 더 나은 시를 묶어 발표할 수 있기를 바라며.

2012년 워싱턴에서

강인숙

Contents

1부

봄날저녁

2부

여름 풍경

3부

가을 연서

4부

겨울 섬

봄날저녁

산행

그 산에 가고 싶다
구절양장
바랑 하나 지고 법의 펄럭이며 가는
푸르게 삭발하신 스님
그 뒤따라 나 가고 싶다
송사리 떼 무리 지어 노는
청솔 숲 맑은 계곡
구슬픈 소쩍새 소리
귀에 와 닿는 곳
숨이 차도록
나 다다르고 싶다
대웅전 처마끝 풍경소리
법당 가득한 향 내음
낭랑한 목탁소리
매일
세속으로부터 나와
그 산사에 다다르고 싶다

큰올케

"막내 아기씨!"
전화선을 타고 오는 큰올케 목소리
아, 고향
고향의 온기

곱던 처녀시절 친정을 떠나
강씨가로 시집오던 날
그 인고의 세월 시작되었다
강씨 가문은
종갓집 맏며느리 맞으셨고
객지 물먹은 새신랑
곱고 나긋한 새색시 바라셨네

너댓살난 시누이
젖먹이 시동생
그때부터 난 막내 아기씨였고
불혹을 넘긴 아기씨를
지금도 올케는
그렇게 곱게 불러주신다

그 속이 깊은 맏며느리

고운 세상 못살아본 원망도 없다
큰올케 깍듯한 존댓말 송구스러워
중년의 아기씨 길어지는 수다
그제야 슬며시 말꼬리를 놓으신다

노루와 토끼

고 놈은 참 예뻤다
뽀얀 엉덩이가 한겨울 백설 같았고
아무도 없는 뒤뜰에서
폴짝폴짝 뜀박질을 하곤 했다
언제 보아도 참 예뻤다
환약처럼 까맣고 동그란
분비물을 소복이 쏟아놓기 전까지는

겨우 새순 돋아 나풀거리는
포도나뭇잎 훔쳐먹은
고 놈은 참 미웠다
뽀얀 엉덩이도 미웠고
귀 쫑긋 세우고 새침떠는 모습도 미웠다
하얗게 새벽이 열릴 때 예뻤던 놈
어둠이 내리기도 전에 미워졌네

계수나무 밑에 떡방아 찧던 토끼
배고파 소풍을 내려왔었는가
포도나뭇잎 몇 장 뜯어먹었다고
분노하는 속 좁은 자는
예쁜 놈인가 미운 놈인가

슬픈 하루

아시안 학생이라며 쏟아지는 CNN 뉴스
오, 하느님 제발 한국 아이가 아니기를
불길한 예감은 늘 왜 그리 적중하는지
설마 하던 소망은 여지없이 무너졌다
지구 밖으로 숨어버리고 싶은 부끄러움
말하는 이 없어도 가시방석이다
내가 살인자가 되었다
한국이 조국인 우리 모두 살인자가 되었다

버지니아는 아름다운 연인들의 주
흐드러지게 피던 벚꽃이 지고
버지니아 주 꽃인 산딸나무 꽃이 만개하는 4월
아름다운 교정에 적갈색* 리본만 가득하다

절망의 구름에 가려진 너의 외딴섬에
끝내 동트는 새벽 오지 않았구나
너의 고독한 독방에 갇혀
사탄의 망령처럼 독설을 퍼붓고
유유히 세상과 작별을 고하는 아이야
채 피지도 못한 서른 두 송이 꽃들
왜 네가 잔인하게 꺾어야 했더냐

비극으로 막을 내린 교육이민의 꿈
정신병 앓던 슬픈 한국 아이야
그저 악몽이면 좋겠어
해가 뜨고 이 나쁜 꿈에서 깨면 좋겠어
어이없는 시퍼런 주검 앞에
누가 어떻게 사죄를 해야 옳은가

32명의 아까운 젊은 영혼들
그대 아름다웠던 생애 기억하는 가족 있고
그대 환한 미소와 우정 기억하는 친구 있으리니
평화로운 천상에 고이 잠드소서

* 적갈색은 버지니아 공대의 상징적인 색깔

밥상

미국으로 시집오던 날부터
인정 없어 보이는 사회에 슬펐던 여자
서리 맞은 배춧잎처럼 사무실에 구겨져
진한 젓갈 내 나는 김치가 그립다

어쩌면 저이들은 책상을 떠나지 않을까
서랍 안에 보물을 두었나
개인주의 서양식 예의인가
귀찮고 무례하다 싶게 권하는 인정
참,
별게 다 그리워지는 점심 시간
두 조각 빵 사이에 야채와 고기를 넣고
두 손으로 우적우적 먹는 서양 점심
간편하고 합리적인 그들의 식사
여자는 하나도 부럽지 않다

수저 들고 반찬 골라먹는 행복
시끌벅적한 밥상
백 년을 산다 한들
그 번거로움 어찌 잊겠는가
아,
그리운 마지막 밥상

봄날 저녁

이웃집 울밑에
빼곡히 자란 쑥밭위로
곱게 널린 감빛 노을
산책 따라나선 낭군
울타리로 세워두고
봄 내음에 가슴 뛰네

길옆에 앉아 풀 뜯는 동양여인
지나는 이웃들
눈 웃음으로 인사하고
쌀 가루로 흰 옷 입혀
쑥 버무리 찌는 버지니아 봄
유년의 향기에 취한 저녁이 되었네

감 꽃필 무렵

5월은 초록 물감 뿌린 듯 푸르고
나붓나붓 여린 감 잎 사이
야무지게 피어난 뽀얀 감 꽃
아득한 유년에 보았던 풍경이네
화단에 단감나무 심으셨던 어머니
감빛보다 따스한 미소로
대문 앞에 기다리시더니
올 가을 단감 따러 태평양 건너
이승에 나들이 오시려나

퇴계와 어머니

내 지갑 속에
퇴계 이황의 얼굴이 있습니다
새해 복 많이 받아라
어머니가 주신 세뱃돈

풀 먹여 다듬이질 하신
이불호청만큼 매끈하고 깨끗한 지폐
당신의 빈자리 두툼하게 채웁니다
떠나시기 두 해전에 주신 분홍지폐 다섯 장
부자도 부럽지 않은 보물입니다

피아노 위에 모녀 3대가 있습니다
나이 드니 고운 색이 좋더라
연 보라색 한복에
희끗한 쪽 머리 어머니
그 옆에 한 살 난 딸아이와 내가
어머니 어깨에 기대어 웃고 있습니다
13년 전 그 사진 속으로
들어 갈수 있으면 좋겠습니다

퇴계 이황의 얼굴

그리운 어머니 얼굴
분홍지폐 한 장
더 받았으면

맞선

대학 졸업반
선남 선녀의 만남
가슴 설레는 언어, 맞선
부끄러운 처녀 멋쩍은 총각
그들은 모르는 눈부신 젊은 날
마음 통하면 결혼 성사되고
어긋나면 다른 인연 되는 것
청년은 찻집을 나와
하늘을 보며 푸른 꿈을 꾼다
내일은 또 다른 만남
가슴 울렁이는 구직 면접
사회초년 첫발 앞에 노련한 간부
마음 통하면 직업 얻게 되고
어긋나면 무직자 되는 것
졸업시즌 아름다운 5월
가슴 졸이는 인터뷰도
선남선녀의 만남같이 설레고
두근대는 맞선이 되면 얼마나 좋을까

갈매기

주홍빛 노을위로
눈 같은 물 꽃 피어나는 해변
쓸쓸한 외다리 갈매기의 긴 날개
나란히 날던 짝 어디 갔나
다리 하나 무겁게 끌고
푸른 바다 위에 떠있다

예고 없이 찾아온 사랑에
눈멀고 귀 먹어
가냘픈 흰 다리 하나 내 주었나
왕좌를 버린 에드워드 8세의 사랑도 그랬고
21세기 여자 우주비행사의 사랑도 그랬지

사랑한다는 것은
붉은 심장에 촛불 하나 밝혀두고
넋 나간 바보가 되는 것
칠흑 같은 밤하늘에
푸른 별의 사랑을 꿈꾸는
세상은 바보들의 지옥
세상은 바보들의 낙원

외다리 갈매기 한 마리
외다리 사랑

12시 30분

어느 날이던가
너랑 점심상을 마주하고
보리차를 마셨을 그 시간이네
겨울 찬바람이 좋다던 사람
그리움 다독이는 일이
사는 이유가 되던 시절
그리워서 미웠던 사람
날마다 시침은 돌고
아픔은 추억이 되고
오늘도 속으로 우물거린다
12시 30분이네
그리운 사람

인연

– 희택이의 결혼을 축하하며

한 그림 속 꽃과 나비
아름다운 풍경
소중한 부부의 인연으로 만난
어여쁜 초심으로 오래 행복하여라

바라보는 눈빛만으로
온 세상을 녹여줄 사랑
그 진심으로 오래 행복하여라
남남이 하나되는 부부
소박한 일상의 오래 사랑함이니

순백의 신부와 신랑
밤새 내린 축복의 설경 속에
네 개의 발자국 남기며 오래 화목하여라

풍경

애기똥풀도 들여다 보고
그 풀잎에 앉은 무당벌레도 만져 보고
풀잎 사이로 기어가는 풀쐐기 속도로
아장아장 걷는 아기
천천히 앞서가며 돌아보고
다시 한걸음 옮겨 기다려 주는 엄마
작은 몸으로 더디 걷는 아기
인류의 희망 작은 천사
세상을 향해 해맑게 웃고
비굴한 거짓말 모르며
교묘하게 비아냥거리지 않고
부질없이 걱정 없는
밝은 새벽이 그냥 기쁜 아기
눈 코 귀 입이 복사꽃 봉오리 같고
손가락 발가락이 개나리꽃 만한
그 거인을 기다려주는 아기 엄마

내게도 언제나 그렇게
기다려주시던 어머니 계셨지

수진이에게

나는 반이 한국인이라고
짱짱한 목소리로
당당히 말하는 아이
멸치볶음과 파 김치에
감동하는 아이
콧등에 송글 땀이 돋도록
매운 육개장에 행복한 아이
몇 번이나 더
너 먹고 싶은 음식을
해줄 수 있을까
기숙사에서 엄마 음식 그리울
딸아이 눈에 밟혀
울컥 목이 메는 겨울 아침

백설에 눈부셔 눈물이 난다

바람 따라

그녀가 떠났다
잘된 일이야
속으로 통곡하며 위로해도
자꾸만 눈물이 솟아올라

무겁던 5년의 시간
소뇌위축증 병마 버리고
창밖에 햇살 따사로운 봄날
살랑 바람 따라 훌훌 가버렸다
금쪽 같던 두 아들
금실 좋던 동행을 두고
어찌 먼 곳으로 떠나셨나

진달래처럼 웃던 여자
내 오라버니 홀로 두고
동백꽃 지듯
툭-
떨어져 갔다

여름 풍경

강물과 만나다

젖은 단풍 가득한 숲길을 걸어
카누canoe 타고 들어가 만난 쉐난도어Shenandoah 강
엎드려 들여다본 강바닥에
흰 눈 같은 뭉게구름 떠가고
낙엽 빛 여인이 빤히 올려다보는데
오랜 세월 소리 없이 흐르는 강물
날카로운 화강암 강바닥에 접어두고
소란스런 카누를 묵묵히 밀어준다
지구 온난화 불편한 진실 속에
아마존 숲 사막으로 변하고 있다는데
인간의 개발로 파괴된 환경
자연이 문명으로 바뀐 현실
채식주의자
맑은 영혼의 강물

오늘, 쉐난도어 강에 절하고 싶다
내년에도 내 후년에도 그 강물이 살고
생명의 흐름을 간직하고 있기를
물속의 수초도
물고기들도

뉴질랜드

태평양 남단
오스트릴리아 옆에 있는
작은 섬

깨끗한 공기
아름다운 자연과
인간의 관계가
그 섬에 있다

그러나
내 아우에게는
외딴 섬,
얼마나 고독할까

인생도처 유청산(人生到處有靑山)이라니
아우야,
잘 살아라
행복하게 살아라

나는 매일 밤
섬으로 가는
꿈을 꾸고 있다

탄핵

화면 가득 검은 양복들
검은 숲 이루어 쌈박질이네
심통장이 골목대장
큰 대자로 엎드린 의장 석
안방 건넛방 사랑방
탄핵 감 아닌 양복 두 손 번쩍 들어보오
핵핵 대며 물린 재갈 홱 돌아서면 어쩌려오?
북핵도 놓아두고 탄핵도 놓아두고
남쪽나라 명지바람 봄 마중 가십시다

그 숲에 가면

해마다 기다려주는 사슴가족이 있다
아이들 여름방학 끝나는 8월말
쉐난도어 Shenandoah 숲으로 가는 길에
풀잎 따먹으며 반기는 사슴부부
흰 점 조르르 박힌 아기사슴
가슴 벅찬 두 가족의 재회
풀벌레 합주 들으며
푸른 숲의 어둠에 갇힌 밤
일년에 단 하루
네 식구 한 공간에 잠든 침실
우리는 텐트 안에서 노을 빛 꿈 꾸고
사슴은 텐트 밖에서 풀빛 꿈 꾸고
무언의 약속으로
내년의 재회를 기약하는 하산 길
숲으로 돌아가는 사슴가족
보이지 않을 때까지 서 있었다

내 아들의 사랑

이 세상에 하나밖에
둘도 없는 내 여인아~
유행가를 동요처럼 따라 부르던
두 살배기 아들은
삶의 다른 모양을 전하러
내게 주신 하늘의 선물이었다
비 내리는 여름날엔 내 가슴은 우산이 되고
눈 내리는 겨울날엔 내 가슴은 불이 되리라
청년이 된 스물세 살 그 아들
유행가를 감미로운 기타연주로
파란 눈의 처녀와
그녀의 빨강머리 같은
사랑을 한다
잠시라도 떨어져선
못살 것 같은 내 사랑아~
그 유행가 가사처럼

디즈니월드

플로리다 올랜도 디즈니 월드Disney World에 가면
내가 좋아하던 놀이기구 아직 있을까
15년 전 여행 얘기만 하면
우리 아이들 지금도
애처럼 좋아하는 날 보며 웃지만
언젠가 그곳에 가서
꼭 한번 다시 타보고 싶은
하늘로 오르는 풍선

이제 갓 대학 졸업한 두 아이
밋밋하고 스릴 없는
E.T. 놀이기구 나와 함께 타줄까
모험과 상상의 마법 나라
해리포터 성으로 직행할 아이들
놀이기구 선택에도 30년의 세대 사이
두터운 이중 유리 벽 공백이 있다

플로리다 디즈니월드에서
달빛 가르며 숲을 지나
외계인을 만나러 가고 싶다
E.T. 영화 마지막 장면처럼

나쁜 꿈

시원하게 열린 금요일 퇴근길
눈에 들어온 섬뜩한 광경
5중 충돌 차들이 줄줄이 부서져
먹먹한 가슴에 몸서리 친다
15년전 여름이던가
장보고 아이들과 집으로 가던 길
끼어든 차 피하다 돌린 운전대
미친 황소처럼 날뛰다
흙 고랑에 거꾸로 박힌 미니밴 Minivan
멍한 정신에 돌아본 광경
우유 한 통을 하얗게 쓰고
원숭이처럼 매달린 아이들
'마미, 아 유 오케이?' Mommy, are you okay?
어린 아들이 어미 걱정이다
어깨 위에 수호 천사 앉았던가
안전벨트에 피 멍든 열살 아들
발가락에 핏자국 여덟 살 딸아이
오, 신이여
가던 길 멈추고 도와준 사람들
구조원 손 붙잡고 천장을 기어
깨진 유리창 사이로 두 아이 다시 얻던 날

종이처럼 구겨졌던 미니밴
반대편 도로에 번쩍이는 소방차
어젯밤 같은 악몽 떨쳐내며
다시 가슴 쓸어 내린다

바다제비

독도의 바다제비는
쇠무릎가시에 걸려 홀로 외롭고
암벽의 독도는
일본의 시비에 걸려 홀로 외롭지만
철썩이는 파도 사철 너울 춤 추고
4월이면 괭이갈매기 산란을 하고
검은 암벽에 푸른 야생 풀
노란 땅채송화와 흰 섬장대꽃
연 자색 해국과 나팔 같은 분홍 갯메꽃
갈매기 천국인 독도에서
노랑부리 백로와 붉은 머리 황새
고고하게 동해의 보초를 선다

비 오는 날

가을비가
장맛비로 오는 날은
코냑Cognac 빛깔의 비옷을 입고
바닷가 통 유리 창가에 앉고 싶다
눈물인지 빗물인지 아무도 모르게
비 따라 창 아래로 흐르고 싶다
그러다 꺼이 꺼이 목 메면
향긋한 코냑 한 모금
목 줄기를 뜨겁게 데우고 싶다
축축한 가을비 오는 날
깊이 잠수하고픈 외로움
참
불치병

이별 1

멀다는 걸 알았을까
밥상 앞에 눈물 바람인
다섯 살 딸아이
지연이, 현주, 승훈이……
한국에 두고 온 유치원 친구
이름 부르며 서럽게 울던 아이
다섯 살의 이별은 어떤 빛깔이었을까

캠퍼스Campus에서 아파트로 이사와
새털 구름 위에 뜬 졸업반 딸아이
헤어짐에 눈물 솟는
어미 심정 알 수 없는 꽃 나이

살며 겪어야 할 수많은 이별
내일은 또 어떤 빛깔로
너의 새털 구름 쿵쿵 치며 떠날까

아프간의 휴전

삭막한 도시에
가로수로 박힌 소나무
마른 솔잎 위에 주저앉은
회색 빛 흙먼지와 창백한 햇빛
매일 폭탄 터져 참혹한
도시에서 통곡하는 사람들
서구와 이슬람 문명의 충돌
폭력적 공격과 테러리즘
처참한 죽음 맞은 빈 라덴Osama bin Laden
살벌한 전쟁 아랑곳 없이
그의 침실 밖 담장에도 꽃은 피고
콘크리트 담 오르는 이름 모를 꽃줄기
담 너머 다른 세상 있는걸 알았을까
10년 동안 진행중인 전쟁
그 도시 외국공관 담장 안에
분홍 넝쿨장미 흐드러지게 피고
노을이 긴 그림자를 만들고
푸른 잔디 무성한 정원 끝에
노란 국화 키우는 아름다운 화원

사진 속에서 전쟁은
잠깐 휴전 중이다

여름 풍경

초록 토마토 훔치는 도둑
모른 척 슬쩍 눈감아 주었더니
신명 난 들 다람쥐
토실 토실 볼 살 오르고
쑥갓 상추 오이 호박
아욱잎사귀 아삭이 풋고추
푸른 뒤뜰 텃밭에
새참 먹는 배추벌레

오이를 썰다가

여자가 울고 싶을 때
양파를 썰며 더불어 울고
속상할 때 고기를 다지며
상한 마음 삭인다 하고
또 어느 시인은
넥타이를 이리도 저리도 매는 거라고
정답 없는 삶에 대해 얘기하는데
하루치의 삶이 해 따라 떨어질 때
화단 끝에서 살 오른 오이 하나 뚝 따왔다
반달 모양으로 잘린 오이 세 조각
무심히 위쪽 아래쪽 뒤집다가
환하게 웃는 하회탈과
뒤집혀 성난 얼굴 보았네
싱그러운 6월 초입에
수없이 파닥이는
속 마음 엿보았네

희비(喜悲)

침실로 오르는 이층 계단에서
벽에 걸린 부모님 사진과 재회한다
종달새처럼 종알대다가
울컥,
이세상 떠나신 그리움에
주저앉아 통곡을 하다가
화장지 뽑아 범벅 된 눈물 찍었더니
눈물번진 마스카라가 찍혀 나와
까르르 눈웃음치며 올려본다
덩달아 따라 웃다가
허탈한 통곡 멈추고

이별 2

여름방학 끝나고
대학으로 돌아갈 딸아이
먹먹한 가슴 다독이며
야무지게 짐 꾸리는 아이 바라보다
문득 떠오른 어머니
태평양 건넌다며 작별인사 온 막내딸
등뒤에서 오래 힘없이 흔드시던 야윈 손
세월의 무게만큼 내려앉은 눈꺼풀위로
꾹꾹 눌러 찍어내시던 이별의 아픔
그때는 몰랐던 아주 오랜 이별
어머니 만나러 나 떠난 훗날
딸아이도 오늘이 애틋하게 그리울까

가을 연서

그리운 소리

이른 새벽 무쇠 솥 여는 소리
한가위 날 부침 지지는 소리
홀태 아래 떨어지는 나락 소리
놋 화로에 담뱃재 터는 소리
동치미 꺼내는 항아리 소리
사랑 윗방에서 새끼 꼬는 소리
대보름 밤 꽹과리 징 소리
9월이 오면 더 그리운
돌 사이 계곡물 소리
고적한 산사 바람 소리
복사꽃 사미니 저녁예불 소리
잿빛 한 줄로 오르는 향 내음
밤새 고인 이슬 쏟아지는 소리

단풍 기차

어느 고화(古畵)에서 보았던가
달거덩 달거덩 느린 기차
그 속도만큼이나 천천히 돌아본 추억

그 속에 첫 발령 받아 밤기차에 오르던
아버지와 딸이 있고
짙은 새벽 안개 속에 낯선 도시가 있고
해장국에 눈을 고정하신 아버지의 허전함이 있고
서늘하고 작은 하숙집 방이 있다

강산이 몇 번 변한 후
웨스트 버지니아 어느 산골에
고택(古宅) 같은 단풍기차가 있다
어느 작은 별나라

바닥이 훤히 보이는 강을 끼고
오색 단풍의 산자락을 느리게 가는 기차
강 건너 나무꼭대기에 앉은 대머리 독수리
그 호젓함과 고독이 강물에 반사되어 하늘로 오른다

펜실베니아에서 왔다는 아미쉬 할머니와

백설보다 희던 노(老) 부부의 미소
클라크 게이블* 닮은 콧수염 노(老) 역장의 모습
강물처럼 맑고 투명한 그의 삶이 보인다

아홉 살 소풍 때보다 맛난 친구의 김밥 한 줄
따끈한 커피 한잔에 피어나는 우정
사람의 향기가 그 기차 안에 있다

* 클라크 게이블 - '바람과 함께 사라지다' 영화에 나오는 남자 주인공

국화주

뒤뜰에 낙엽 쌓이고
귀뚜라미 소리 쓸쓸한 밤
고독을 파낸 빈 가슴 채워줄
새벽 별 같은 벗 하나
향기로운 국화주 한 병 품고
문득 찾아와 주면 좋겠네

그 해 가을밤처럼

일방 통행

워싱턴 디시 Washington DC에 가면
일방통행 표지 따라
빙글빙글 돌아야
목적지 겨우 찾고
대화 기술 없는 부부 싸움
매번 불협화음으로 끝나고
지나친 동양 예절 세대
단상에 서면 매번 현기증 나고
사람은 왼쪽 차는 오른쪽 한국 문화
사람도 오른쪽 차도 오른쪽 미국문화
오늘도 사무실 복도에서 파란 눈 아저씨와 부딪친다

흔적

10월엔 분홍 리본*을
가슴에 달아볼 일이다
갓난아기 젖 물리던 가슴 섬겨볼 일이다
폭풍우 밤바다 같던 그 해 10월
천장에 달린 대형 화면 속
열대어 따라가다 잠들었던 수술대
암꽃 떠난 자리에 볼우물 하나
문신으로 남은 푸른 점 세 개
방사선 두 번 쪼이지 말라고 문신을 하는
분홍 리본 같은 수줍은 흔적
젊은 여성도 주름 고운 할머니도
아름다움의 정점이 되는 유방
무심히 지내다 암 올가미에 유방 내주면
가장 소중한 여자의 생명 상실이려니
세상 모든 여인들이여
단풍 고운 10월엔 우리
유방암 검사 받으러 꼭 가야 할 일이다

* 분홍 리본은 10월이 유방암 예방 캠페인의 달임을 상징

가을 연서

귀뚜라미 찌르찌르 울면
포토맥 강가 주홍 단풍잎 하나 따다
잠자리 날개 같은 연서를 쓰겠습니다
아름다운 이 계절
속절없이 가을 타는 중년에게
홍시 같은 연서를 꼭 띄우겠습니다

새치는 몇 올이나 늘었는지
호숫가 산책 자주 나가는지
벌써 틀니 따위로 심사 사납지는 않은지
또 어느 쓸쓸한 날
전어 회 안주로 잔 기울이던 벗들 여전한지
시시한 안부도 이 가을엔
연서가 되어 배달 될 것이므로
차마 못한 그 말
그립다
단풍잎에 포개어 고이 띄우겠습니다

무제

살다가 가끔은
같이 밥 먹고 싶은 사람

흰 눈 같은 이로
봄날같이 웃어주는 사람
승늉처럼 보드라운 눈빛을 가진 사람
타버린 조개탄 하나쯤 묻어둔 사람
사는 것이 흡족해도 소박한 사람
지구 저편에서도 문득 떠올라
울컥 목이 메어 오는 사람

나와 같이 밥 먹고 싶은 사람
혹 어디 있을까

가을 저녁 엽서

어제 저녁 식사는
가을의 풍성함으로 가득했습니다
단풍빛깔 고운 두 분과
함께 한 시간이
농부의 수확만큼 좋았습니다

그리고 저희 집 들러서 한 후식도
참 좋았습니다

두 분 떠나신 후
아들 대학 휴일로 집에 들어섰고
그는 피아노 앞에 앉아서
한 시간쯤 건반을 두드렸습니다

창밖에는 오동잎들이
사선으로 떨어지고 있었습니다

이 가을 저녁을 오래 기억하겠습니다
아름다운 인생은 아름다운 추억을
단풍잎처럼 쌓아가는 것 아닌가요

--고맙습니다

돌아서서

자동차 뒷바퀴가
눈앞에서 사라지고
아들 방으로 오르는 계단에서
초콜릿 한 줌 울컥 삼켰다
따가운 목구멍 지나
좁아진 숨통 트이고
네가 두드리던 피아노 건반
적막한 거실을 채워도
빈 둥지 지키는 어미 새 가슴
숭숭 구멍 뚫려 아직도 훌쩍인다
캠퍼스로 널 보낸 지 두 해가 넘도록

빈 집

감나무 밑에
새집 하나 달아 주었더니
작은 참새 한 마리
삭정이 나르느라 해 저문다
동그란 문 앞에 걸린 삭정이
연신 놓치고 아쉬워라
추락하는 삭정이 꿈 내려놓고
이번엔 짧은 삭정이 물고 와
옆으로 들여가는 재주 부리네
둥지에 알 낳고 새끼 키워
또 어디론가 훌쩍 가버릴 손님
작은 새집 안에 빈 둥지

파랑새처럼 날아간 아이들
나의 빈 집

관계

여자는 습관처럼
아침마다 도시락을 싼다
가끔 짜증도 나고
심지어 분노를 느끼기도 하고
피곤하거나 우울할 때
증상은 노이로제에 가깝다
같이 일하면서
남자의 도시락 싸는 일에 심통
고맙다는 인사조차
견딜 수 없는 모욕이 된다
삶의 모순이거나
결혼의 모순이거나
남녀의 모순이거나
아니면 인간 관계의 모순이거나

잠 못 드는 밤

잠 못 들고 뒤척이는 밤
은하의 별을 모두 헤다
떠오른 시어하나
생각 한 줄 잡고 어둠을 더듬어
화장실로 숨어드는 동침의 불편함
달빛에 희미하게 비치는 연필글씨
어지럽 도지는 감동의 한 구절
산다는 것 의외로 단순해
숨가쁘게 분주한 하루의 끝자락
시어 하나 잉태하는 시간
오늘도 잠 못 드는 밤
현기증으로 쓰는 소품 하나

폭우

밤새 쿵쿵대던
소나기와 천둥 번개
이른 아침 하늘에
토라진 구름 떠 있고
저 만치에 흰구름과 해 떠서
건너편 빌딩 붉은 벽이
장미처럼 환하다
동터오는 새벽에
칼로 물을 베었나 보다

황금기

젊음의 고뇌로 펄펄 끓던 시절
세상은 잿빛이었고 해는 졸고 있었고
지상의 어린것들이 삶의 의미를 주듯
아이로부터 아량을 배우며
겨울로 들어가는 늦가을 해거름에
내 인생의 황금기와 밀애 한다
이제 세상은 하늘빛이고 햇살은 눈부시다
작은 풀꽃도 보석이 되고
단풍 고운 숲에 들어 감탄하며
빈 나뭇가지도 눈물겹게 아름다운
사소한 자연의 진실을 배운다
날마다 소름 돋게 흡족한
중년의 평온과 안정
지금은 내 인생의 황금기

종운이에게

– 대학을 졸업하는 아들에게

벌써 22년 전이네
외할아버지 느긋한 성격을 닮았던지
예정보다 20여 일 늦게 세상에 와준 아들
씩씩한 울음 외쳐준 아가야
미국 간호원 생소한 정보들
축구공처럼 안고 젖을 먹이라
목도 가누지 못하는 갓난아기
무릎에 앉혀 트림 시키던 젊은 엄마

유치원에 처음 가던 날
3시간을 어떻게 보냈을까 걱정이었고
6학년 때 목욕을 혼자 하겠다고 선언하던 날
서운하던 엄마 아랑곳없이
사춘기 지나 파란 눈의 예쁜 소녀와 프람 Prom
가던 날
벌써 늠름하고 아름다운 청년이었지
대학 캠퍼스로 처음 들어가던 날
이삿짐과 너를 남겨두고 오던 긴 운동장
터벅터벅 걷던 학부모들 틈에서
자꾸 뒤돌아보며 꺽꺽 울음을 삼켰다
그 후로 몇 년 동안

내 출퇴근 길은 눈물 길이었지만
오늘, 학사 모 쓴 아들 모습
한여름 대나무 숲보다 더 푸르다

겨울 섬

떠나는 길

역사의 장이 넘어간다
화려한 할리우드에서
화려한 정치세계 워싱턴에서
다 버리고 레이건 Reagan이 떠났다
여름 숲처럼 시원한 그의 미소
알츠하이머 Alzheimer에 갇힌 망각의 세월 두고
흰 국화 속에 웃으며 가는데
낸시 Nancy의 야윈 어깨위로
초점 잃은 그녀의 눈에 고인 이슬
누구나 돌아가야 할 길
버리고 가야 할 인연
우리,
더 사랑하며 살자

사물 놀이

지~잉 둥 둥 둥
쿵 더덕 쿵덕 쾌지나 칭칭
정겨운 한국의 소리 가득한
워싱턴 DC 스미소니언 Smithsonian 소강당
높은 음 피리소리로
들어서는 사물 놀이패
서양인들 처음 본 광경에 신기하고
축복 기원하는 비나리 연주
향 피우고 절하는 관객들
상모, 장구, 춤추며 꽹과리 치며
혼신의 힘 쏟는 신들린 몸짓
좋~다! 얼씨구~ 추임새로 화답하며
가슴으로 하나된 공연

사물놀이 흥겨움에
향수에 젖은 DC의 겨울 밤
그곳에 한국의 소리 숨어 있었네

하산

검고 매서운 밤
홀로 떠나신 어머니
언 땅속에 묻어두고
내려오던 눈 덮인 하산 길
방울방울 흩어진 눈물
솔가지에 걸려
유리알 수정으로 달렸네
따스한 봄 진달래 피고
푸른 잔디 여름 한철
솔 향 가득 청풍이 불고
단풍 몰고 가을 가고 나면
하산 길에 맺혔던 수정
세월이 가도
그대로
맺혀 있을까

함박눈

함박눈 펑펑 쏟아지는데
왜 하필
풋사랑 생각이 날까요
새끼손톱 반달만큼의 기억도 없을
까까머리 그 소년
누구의 아버지가 되어
누구의 지아비가 되어 살까요

차마 춥다고 말도 못하던
마주보기도 부끄럽던 사춘기
무봉천지 눈 쌓인 철길은 끝없고
운동화 속에 시린 발 꽁꽁 얼었지요

보이지 않는 공기처럼
무색의 깨끗한 강물처럼
산다는 건 그저 담담한 일상
우리는 그 안에 꼭꼭 숨은
푸른 환희 찾아 떠나는 길손

함박눈 내리는 어느 하늘아래
이제는 중년의 무게로

유년의 들판 거닐며
풀 내음 나는 옛 추억
가끔,
아주 가끔이라도 기억하며 살까요

창밖에 두고 온 날들

햇살은 저리도 눈부신데
하얀 벽에 갇혀 네게로 갈수 없다
지팡이 도움으로도 걸음을 뗄 수 없고
갇힌 언어는 입안에서 나오지 못하고
눈은 유리창에 닿아있으나
몸은 유리창을 넘지 못하는데
출렁이는 흰 벽과 천장에서
세상이 미친 듯 돌고
60조 세포가 몸 안에서 바늘 춤을 추고

화단 앞에 환하게 웃는 두 아들
그 사진 속 행복 노을 뒤로 숨는데
어쩌다 우두커니 이곳에 있는가
자상한 그대 음성도
듬직한 두 아들의 위로도
온통 무의미의 세계에 갇혀
내 귀에 머물지 못한다

세상은 창 밖에 서성이고
붉은 장미는 무심히 피었고
파란 하늘에 솜털구름

키 큰 숲으로 달아나고
불청객, 난치병, 소뇌위측증*
누가 이런 몹쓸 장난을 치는가
아직 할 일도 많고
가고 싶은 곳도 많고
아직 보고 싶은 사람도 많은데

창밖에 두고 온 날 속으로
곧 돌아가야지
기어이

* 소뇌위측증 - 소뇌의 세포가 줄어들어 점차 언행의 능력을 상실해가는 희귀병

겨울 섬

좋은 날 다 가고
아픈 아내 병실에서
무심히 떠난 날들 그리네
당신은 왜 방관자 되어
하얀 병실에 숨었는가
다시 올 수 없는 세월
대낮도 칠흑 같은 어둠이고
꽃 피는 봄에 이 마음 겨울이니
움직이는 것들 살아 있는 것 아니네
자정 넘은 도시
취기의 노인을 삼키고
찬 겨울 섬에 난파선
고독한 항해

영상 편지

– 희준이 결혼하는 날

낙엽 지고 정갈한 초겨울 숲
무리 지어 날아가는 철새들
그 뒤 따라 고향으로 날아가고 싶어
내 사랑하는 조카 장가가는 날
병마와 싸우다 가신 어머니께
예식장 영상 편지 띄우는 청년
눈부신 11월의 신부
슬픔과 기쁨은 한집에 산다더라
그 두 감정 보듬고 살다 보면
정녕 어른이 된다더라
곧 축복이 내릴 것이야
엄마의 별나라에서
목화송이 같은 첫눈으로
포근한 답신이 올 것이야

고별

– 김수환 추기경 떠나시던 날

낮은 자리에 임하시어
소리 없이 위안을 주던 님
잠자리 날개처럼 가벼이
천국에 오르시던 날
함박눈 펑펑 내렸습니다

세상은 여전히 어둡고
춥고 가난하고
그리고 불안에 떨고 있지만
님께서 주신 빛으로
새벽이 밝아옵니다

겨울 강

나뭇가지 사이로
빈 숲에 걸린 하현달 창백하다
그 숲 닮아가는
골다공증 여자의 골반에
찬바람 숭숭 새어 들고
달빛 같은 머리칼
바람처럼 가버린 세월

숲 뒤로 천천히 흐르는 겨울 강

그 오두막에 철쭉이 피면

– 법정 스님 떠나시던 날

맑고 향기로운 그 오두막에
님의 미소 같은 철쭉이
봄마다 곱게 피겠지요
텅 비우고 있어야 울림이 있고
울림이 있어야 삶이 신선하다
그 빈 마음을 찾아 가겠습니다
무소유란 갖지 않는 것이 아니라
불필요한 것을 갖지 않는다는
그 진실을 찾아 가겠습니다
오두막에 묵묵히 앉아
님의 귀향 기다리는 그 철쭉은
자연의 흐르는 이치를 알겠지요
무소유의 삶을 실천하며
주옥 같은 문장으로
세상과 소통하는 길에 서 계셨던
님의 불살생 정신으로
평화로운 지구의 미래를 봅니다
물과 구름과 바람처럼
어린 왕자의 별나라로 잘 가십시오
님이 몹시 그리운 훗날
그 오두막을 찾겠습니다
철쭉으로 다시 살아계실 님이여

날씨

출근길 아침
6차선 도로 강물 되고
소방차처럼 물 뿜어내며
소낙비에 갇힌 자동차
앞차 뒤차 옆 차
강 위에 뜬 외딴섬
깜박이는 불빛 흐릿하고
운전대 움켜쥔 두 손에
식은땀 정적으로 흘렀는데
점심시간 창밖에 파란하늘
소나무 뒤로 흰구름 숨겨놓고
아무일 없는 듯 다가와
자동차 위에 햇빛 부려놓았네
지옥과 천국의 그림 같은
참 변덕스런 겨울 날씨
알 수 없는 사람의 마음 같아
겨울 소나기처럼 왔다 떠난
어떤 사랑처럼

사모곡(思母曲)

그날로 돌아갈 수 있다면
다시 그녀 곁에 누울 수 있다면
단풍 한 잎 단아하게 붙은 흰 창호지
은비녀 꽂은 그녀 곁에 무릎 오그려 눕고 싶다
검버섯 핀 그녀의 손길 그립고
내 볼에 부비던 까칠한 얼굴 그립고
이불호청에 눈물 닦으며 눕고 싶다
폭설 내린 이른 새벽
쌀 씻는 소리
무쇠 솥 여닫는 소리
그 아랫목에 돌아가 눕고 싶다

세월의 무게

5년 만에 만난 친구의 어머니
허리 굽은 불편한 걸음에
가슴이 턱 메인다
사람이 나이 든다는 것 참 슬픈 일
세월만큼 내려앉는
사람의 키는 더욱 슬픈 일
젊은이는 하늘을 보며
꿈에 부풀어 날 듯 걷고
어른은 땅을 보며
사색에 잠겨 멈출 듯 걷고
놀이터 아이들 웃음소리
노인정 어른들 허허로운 소리
세월은 잠깐이라도
정거장에 멈추지 않는다

약속

내 사랑은
언제나 새벽 안개같이
어렴풋 잡히지 않고
내 사랑은
언제나 멀리 있어
새록새록 그립고
내 사랑은
서리 맞은 장미처럼
사그라지고
내 사랑은
11월 첫눈처럼
나풀나풀 녹아버리는데

약속도 없이
올해도 첫눈이 내린다

한국 슈퍼 앞에서

한 겨울 추억 속에
호떡과 붕어빵이 산다네
그들이 동거하는 방문창살에
흰 창호지 팽팽하고
문고리 옆에 단풍 한 잎
별처럼 붙어있고
고드름 매달린 처마끝 어디쯤에
옹기종기 개구쟁이들 장난소리
통통한 붕어 감싼 두 손 따습고
호떡꿀물에 데인 입술 따습고
2012년 미국에서
추억을 파는 가게 앞에 서있네
주말에 한국슈퍼 앞에 가면
노릇한 붕어들 헤엄치고
깨소금, 잣 알갱이
설탕 물 톡- 터지는 꿀 호떡
그리운 날들의 군것질
한 겨울 추억 속에
호떡과 붕어빵이 산다네

■ 발문

떠남으로써 머물러 있는 사람

최연홍(시인)

강인숙은 『문학과 의식』 2005년 겨울호로 데뷔한 시인, 문학소녀의 꿈을 미국에 건너와서도 버리지 못하고 간직한 이제는 중년이 된 전문직 여자. 그녀는 그 어느 귀중한 것보다 삶 속에 시를 간직하고 살아왔고, 살고 있다. 미래도 그렇게 시와 살리라.

시가 무엇인가. 시는 아름다움이다. 시는 삶을 아름답게 만드는 원소, 아니면 보석, 아니 자양이다. 정말 아름다운 시인은 그의 삶이 아름답다. 강인숙은 그런 아름다운 여인이며 그런 아름다운 시인이다. 아름다운 삶의 시작은 전라북도 산 속 마을에서 성장하며 바라본 가족, 그리고 자연이다. 아침 해, 꽃나무, 서산으로 지는 해, 그리고 밤하늘에 빛나는 별들의 은하수가 그녀에게 시를 요청했다. 그가 두고 온 나라에 사춘기, 처녀기, 결혼, 그리고 지극한 사랑과 향수가 남아있다. 그래서 그녀는 떠남으로써 오히려 머물러 있는 사람, 시인이 되었다. 그녀를 지탱해주고 있는 힘은 바로 그녀의 사랑과 향수. 물론 그녀의 가족, 옆에서 숨쉬고 있는 부군, 아들, 딸의 사랑스런 모습이겠지만 더 큰 활력은 두고 온 나라, 거기 살고 있는 가족, 이제는 유명을 달리한 어머니, 아버지, 그리고 다정한 형제들, 올케, 조카들까지.

그녀의 『문학과 의식』 데뷔작 가운데 짧은 시 한 편 여기 소개한다. 어머니 부음을 멀리서 듣게 되었을 때 멀리 떨어져 나와 사는 딸의 비애, 애절하다. 이민 1세 모두의 비애를 문학적 은유보다 그냥 솔직하게 적어놓은 시의 아픔과 감동이 울림을 준다.

달려가 품에 안기지 못한 죄
야윈 손 붙잡고 작별하지 못한 죄

어머니,
당신 떠나신 후에야
죄인은 피눈물로 참회합니다.

시가 수사학적인 은유보다 정직한 감정의 표현과 감동을 먼저 전할 때 시와 문학이 만인의 재산이 된다. 어머니가 쓴 "언문편지"도 그녀의 데뷔작 중 하나이었는데 내 마음 벽에 고화古畵처럼 걸려있다.

세상을 떠난 어머니, 그리고 강씨 가문으로 시집 온 올케, 이 시집 앞에 들어있는 "큰 올케"가 강인숙의 시인됨을 증명하고 있다. 강씨 집안의 화목함은 아마 강인숙의 아래 시 한 편으로 가보家寶가 될 것이다. 아니 막내 아기씨의 고운 심성으로 명문가가 되었다. 얼마나 아름다운 집안인가.

큰올케

"막내 아기씨!"
전화선을 타고 오는 큰올케 목소리
아, 고향
고향의 온기

곱던 처녀시절 친정을 떠나
강씨가로 시집오던 날
그 인고의 세월 시작되었다
강씨 가문은
종갓집 맏며느리 맞으셨고
객지 물먹은 새신랑
곱고 나긋한 새색시 바라셨네

너댓살난 시누이
젖먹이 시동생
그때부터 난 막내 아기씨였고

불혹을 넘긴 아기씨를
지금도 올케는
그렇게 곱게 불러주신다

그 속이 깊은 맏며느리
고운 세상 못살아본 원망도 없다
큰올케 깍듯한 존댓말 송구스러워
중년의 아기씨 길어지는 수다
그제야 슬며시 말꼬리를 놓으신다

그녀의 동생이 멀리 뉴질랜드New Zealand에 살고 있다. 남극 가까운 아름다운 섬에 살고 있는 아우의 행복과 고독이 누나의 기도와 사랑으로 아늑하다. 형제가 많은 집안에서 어린 시절을 함께 보낸 동생을 더 그리워하며 거기서 행복한 이민의 삶을 살아가기를 바라는 마음, 오누이의 따뜻함이 여기 소개하는 시에서도 아름다운 수채화 한 폭.

뉴질랜드

태평양 남단
오스트릴리아 옆에 있는
작은 섬

깨끗한 공기
아름다운 자연과

인간의 관계가
그 섬에 있다

그러나
내 아우에게는
외딴 섬,
얼마나 고독할까

인생도처 유청산(人生到處有靑山)이라니
아우야,
잘 살아라
행복하게 살아라

나는 매일 밤
섬으로 가는
꿈을 꾸고 있다

그녀가 살고 있는 버지니아의 봄, 여름, 가을, 겨울에서도 그녀는 시를 찾아 나선다. 한국이나 미국이나 자연이야, 무엇이 다르리요. 인생도처 유청산(人生到處有靑山) 아니겠습니까. 봄날 쑥을 캐고 있는 아가씨, 남편이 쑥 뜯는 모습을 숨겨주고 있는 모습도 보인다. 쑥떡을 만들어 문학동네 이웃들과 나누어 먹는 따뜻함, 인정이 바로 강인숙이며 그녀의 시편이 된다. 그녀의 문학동네에는 시와 문학을 사랑하는 이웃들과 만나는 월례회가 있다. 문학동네 모임을 기다리게 만드는 분이 강인숙의 따뜻함, 보드라움이다. 이 세상을 위대하게 만드는 힘은 원자탄이 아니라 따뜻함, 보드라움이라고 수줍게 말하고 있는 시인. 바로 여기에 있습니다. 그녀는 버지니아의 자연 속에서 가족 여름휴가를 보내며 강과 산의 푸르름과 유유한 흐름, 지구의 허파인 아마존 강의 보전을 기대하고 있다. 자연사랑은 한국 시인들의 강렬한 특징이다. 조선의 시인, 윤선도의 오우가, 어부사시가가 최고의 환경시가 아니겠는가. 하나뿐인 생명체, 지구 환경의 보전이 시인의 사명과 역할이라고 생각한다. 그녀는 겸손하게 자연보전과 환경보호를 서정시로 쓰고 있다.

강인숙의 시는 서정을 바탕으로 하고 있지만 가끔 개인적인 가족사나 자연 밖으로 나간다.

이 시집에는 지금 미국이 겪고 있는 아프간 전쟁이나, 버지니아 텍 Virginia Tech의 한국계 학생 총기 학살 사건, 독도를 날고 있는 바다제비, 그리고 한국정치의 탄핵도 들어있다. 한국의 정신적 지도자 김수환 추기경의 부음과 법정의 열반도 그녀의 조시에 나와 슬픔에 젖게 한다. 전쟁 속에서도 철따라 꽃이 피고 담장이 넝쿨은 위로 뻗어나가고 해는 동녘에서 떠오르고 서쪽으로 지고 있는 자연의 질서가 평화를 기도하고 열망하는 시인의 모습이 아름답다. 오사마 빈 라덴이 숨어살던 집안에도 꽃은 피어나고 있으리라는 말처럼 평화를 구가하는

메시지가 있을까. 시인은 총으로 싸우지 않고 원자탄으로 싸우지 않고 펜으로 싸운다. 담장이 넝쿨이 담을 기어오르고 있는 한 전쟁은 휴전이 된다면 얼마나 좋으랴. 북한이 최근 장거리 미사일 폭탄을 종이로 만들어 사열했다는 외신 뉴스는 희극적이지만 시인은 모든 폭탄이 종이로 만들어지기를 바란다. 시인의 반전운동은 아름다운 서정시. 서정시 한 편만한 평화의 수단이 어디 있단 말이냐. 시인이 그가 살고 있는 사회에 눈감고 살 수는 없다.

아프간의 휴전

삭막한 도시에
가로수로 박힌 소나무
마른 솔잎 위에 주저앉은
회색 빛 흙먼지와 창백한 햇빛
매일 폭탄 터져 참혹한
도시에서 통곡하는 사람들
서구와 이슬람 문명의 충돌
폭력적 공격과 테러리즘
처참한 죽음 맞은 빈 라덴 bin Laden이 친실
그 살벌한 전쟁 아랑곳 없이
콘크리트 담 오르는 이름 모를 꽃줄기
담 너머 다른 세상 있는걸 알았을까
10년 동안 진행중인 전쟁

그 도시 외국공관 담장 안에
분홍 넝쿨장미 흐드러지게 피고
노을이 긴 그림자를 만들고
푸른 잔디 무성한 정원 끝에
노란 국화 키우는 아름다운 화원

사진 속에서 전쟁은
잠깐 휴전 중이다

버지니아 텍은 미국의 21세기 비극, 비극 중의 하나가 될 것이다. 다시는 그런 정신이상의 환자가 저지른 엄청난 사건이 일어나지 않기를 바란다. 정신이상의 환자가 한국계 학생이었다는 사실은 미국에 살고 있는 한국계 이민자들 모두에게 충격적이었다. 버지니아에 살고 있는 강인숙 시인에게 더 큰 충격이었을 것이다. 시인은 이 사회적 불행을 그냥 지나치지 않았다. 그 살벌한 사건을 그녀 특유의 사랑스러움, 아름다움과 보드라움으로 바라보고 그런 따뜻한 시 한 편을 내놓았다. 조용히 시 한 편을 그 비극의 무덤에 바친다.

슬픈 하루

아시안 학생이라며 쏟아지는 CNN 뉴스
오, 하느님 제발 한국 아이가 아니기를

불길한 예감은 늘 왜 그리 적중하는지
설마 하던 소망은 여지없이 무너졌다
지구 밖으로 숨어버리고 싶은 부끄러움
말하는 이 없어도 가시방석이다
내가 살인자가 되었다
한국이 조국인 우리 모두 살인자가 되었다

버지니아는 아름다운 연인들의 주
흐드러지게 피던 벚꽃이 지고
버지니아 주 꽃인 산딸나무 꽃이 만개하는 4월
아름다운 교정에 적갈색* 리본만 가득하다

절망의 구름에 가려진 너의 외딴섬에
끝내 동트는 새벽 오지 않았구나
너의 고독한 독방에 갇혀
사탄의 망령처럼 독설을 퍼붓고
유유히 세상과 작별을 고하는 아이야
채 피지도 못한 서른 두 송이 꽃들
왜 네가 잔인하게 꺾어야 했더냐
비극으로 막을 내린 교육이민의 꿈
정신병 앓던 슬픈 한국 아이야
그저 악몽이면 좋겠어
해가 뜨고 이 나쁜 꿈에서 깨면 좋겠어
어이없는 시퍼런 주검 앞에
누가 어떻게 사죄를 해야 옳은가

32명의 아까운 젊은 영혼들

그대 아름다웠던 생애 기억하는 가족 있고
그대 환한 미소와 우정 기억하는 친구 있으리니
평화로운 천상에 고이 잠드소서

* 적갈색은 버지니아 공대의 상징적인 색깔

외국에 살고 있는 한국인들은 애국자란 말이 정답이다. 두고 온 조국이 더 발전하고 번영의 나라가 되기를 희망하며 살고 있다. 조국을 떠나와 조국을 더 가까이 마음속에 품고 살다 보면 독도, 이어도, 남북한의 대치, 한국정치의 폭력성, 후진성이 마음에 걸린다. 서정시인들에게 조국은 조국에 살 때보다 더 아름답게 각인되어 있다. 독도를 지키고 있는 바다제비, 갈매기들의 비상이 멀리서도 보인다. 그리고 일시 고국 방문 길에 울릉도를 거쳐 독도에까지 여행을 감행한다. 배 위에 서있는 시인의 눈에 들어오는 첫 독도의 인상, 두 개의 섬이 멀리 세 개의 봉으로 보인다. 그래서 삼봉도三峰島란 이름으로도 남아있는 섬, 그 섬에도 야생화가 피고, 갈매기가 날고, 한때 물개가 번성했던 우리들의 섬. 강인숙은 바다제비를 시로 쓰고 있다. 동해의 독도, 남해의 이어도가 일본과 중국이라는 두 나라와 해양경계분쟁을 일으키고 있으니 시인들이라도 독도와 이어도를 노래해야 하지 않을까.

바다제비

독도의 바다제비는
쇠무릎가시에 걸려 홀로 외롭고
암벽의 독도는
일본의 시비에 걸려 홀로 외롭지만
철썩이는 파도 사철 너울 춤 추고
4월이면 괭이갈매기 산란을 하고
검은 암벽에 푸른 야생 풀
노란 땅채송화와 흰 섬장대꽃
연 자색 해국과 나팔 같은 분홍 갯메꽃
갈매기 천국인 독도에서
노랑부리 백로와 붉은 머리 황새
고고하게 동해의 보초를 선다

강인숙의 첫 시집에서 한 편을 고르라면 아마 "그리운 소리"가 될 것이다. 내 조국에서 나오는 소리, 새벽 어머니가 부엌에서 쌀 씻는 소리, 저녁 시간 다듬이질 하는 소리, 수탉이 홰를 치는 소리, 진달래가 피고 지는 소리, 윤 사월 어디서 우는지 모르는 뻐꾸기 소리, 한여름 원두막에서 터지는 수박, 참외 소리, 추석 송편 빚는 소리. 첫눈이 내리는 포근한 밤의 소리, 아이들을 부르는 어머니의 목소리, 국민학교 교정에 울려 퍼지는 학교 종소리, 처마끝에서 가벼운 바람에도 흔들리는 풍경소리, 산사의 예불을 알리는 종소리, 스님의 목탁 소리와 독경,

그 어느 것 하나도 빠질 수 없는 소리들의 화음, 오케스트라Orchestra. 강인숙의 그리운 소리가 모두 외국에 나와 살고 있는 우리들의 그리움에서 우러나온 합창이다.

그리운 소리

이른 새벽 무쇠 솥 여는 소리
한가위 날 부침 지지는 소리
홀태 아래 떨어지는 나락 소리
놋 화로에 담뱃재 터는 소리
동치미 꺼내는 항아리 소리
사랑 윗방에서 새끼 꼬는 소리
대보름 밤 꽹과리 징 소리
9월이 오면 더 그리운
돌 사이 계곡물 소리
고적한 산사 바람 소리
복사꽃 사미니 저녁예불 소리
잿빛 한 줄로 오르는 향 내음
밤새 고인 이슬 쏟아지는 소리

강인숙의 첫 시집에 내가 바치는 소품, 헌시獻詩, 여기 남겨 기념하려 한다. 문학동네 가족, 워싱턴 문인회, 시향 회원들과 함께 강인숙의 첫 시집 출간을 축하하며 이 시집이 모국으로 외국에 살고 있는 이민 1세 여류시인의 그리움, 아름다움, 따뜻함, 보드라움을 전달할 수 있기 바란다.

추석 차례

정성스럽게 구운 당근 케익
그 속에 호도도 들어있고 사과도 들어있는
케익 한 상자와
햇사과, 배, 그리고 노오란 참외가
새벽
문 앞에 배달되었습니다

우체부가 놓고 간 소포가 아니라
천사가
보름달 빛, 별 빛 안고
하늘에서 내려와
내 문 앞에 내려놓은 선물

아침 차례상이 가득합니다
천상의 추석이 지상에 내려 왔으니

결국 강인숙의 시는 따뜻함이다. 보드라움이다. 따뜻함이나 보드라움이 아름다움을 만들어내는 시의 원천이다.

뉴질랜드

초판 1쇄 찍음 • 2012년 6월 7일
초판 1쇄 펴냄 • 2012년 6월 12일
지은이 • 강 인 숙
발행인 • 박 성 복
발행처 • 도서출판 月印
서울시 강북구 노해로25길 61
등록 • 제6-0364호 / 등록일 • 1998년 5월 4일
대표전화 • (02) 912-5000 / 팩스 • (02) 900-5036
http://www.worin.net

ISBN 978-89-8477-517-6 03810

값 6,000원